Novena
VIRGEN de SAN JUAN de los LAGOS
Por Laila Pita

© Calli Casa Editorial, 2012
Yhacar Trust, 2021

Todos los derechos registrados. Prohibida la reproducción total o parcial de esta obra en todo su contenido: texto, dibujos, ideas e ilustraciones de portada, sin autorización por escrito.

www.solonovenas.com
#2500-818

UN POCO DE HISTORIA

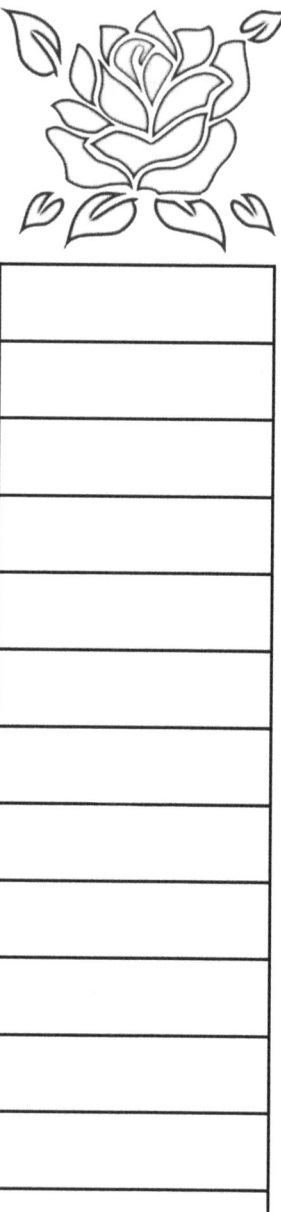

La Virgen de San Juan de los Lagos es otra más de las múltiples representaciones de la Virgen María. También llamada por los fieles como: Sanjuanita o Santa Juanita de los Lagos. Se le considera milagrosa y es venerada en la ciudad de San Juan de los Lagos por millones de peregrinos al año que la visitan de todos los pueblos Mexicanos, parte de los Estados Unidos, América Latina y algunos pueblos de Europa. Fray Miguel de Bolonia fue encomendado por el primer evangelizador de ese pueblo, a cuidar la labor pastoral del lugar. Los indios ya estaban cristianizados. Logró pacificar la región y congregó a los que andaban errantes. La imagen de la Limpia Concepción fue donada al pueblo de San Juan de los Lagos. En poco tiempo se olvidaron de ella y no fue si no hasta 1623 que se le encontró, ya deteriorada en la sacristía de una pequeña capilla de adobe y techo de paja. La imagen adquiere la admiración de la gente debido a un milagro realizado por ella.

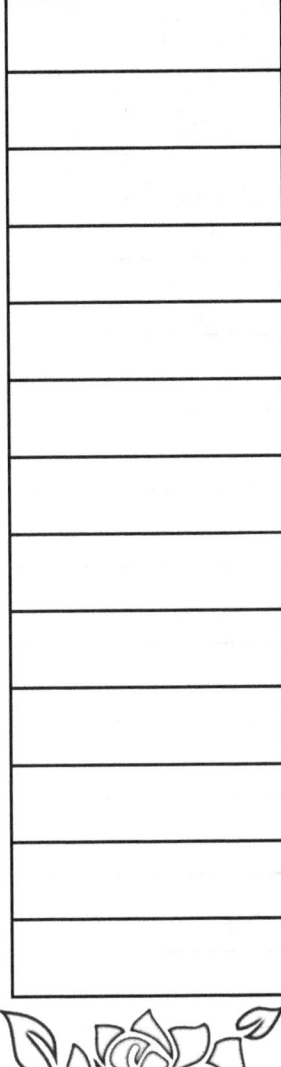

MILAGRO

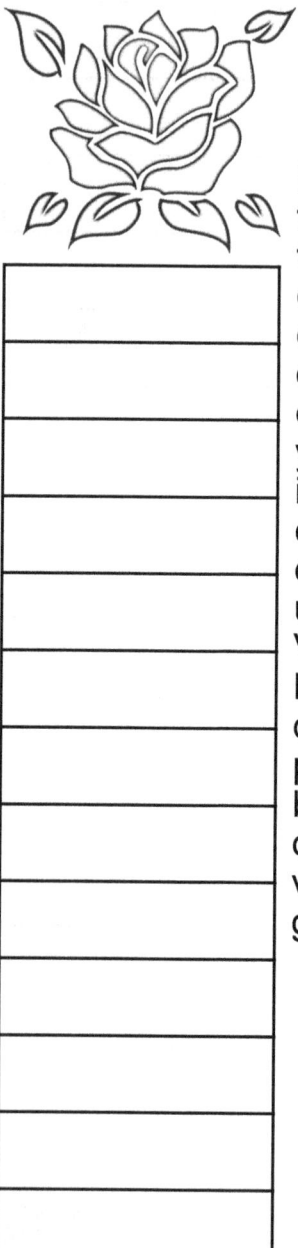

A la ciudad de Guadalajara llegó un circo. Entre los espectáculos que trajeron con ellos se encontraba el de una niña trapecista que saltaba sobre una cama con dagas. En una de sus actuaciones la pequeña perdió el equilibrio y cayó sobre ella muriendo instantáneamente. Ana Lucía, mujer encargada de la capilla, pidió que le llevaran una pequeña imagen de la Virgen de San Juan de los Lagos. Al recibirla, haciendo oración la colocó en su pecho y la pequeña recobró la vida al instante. Desde entonces aumentó cada vez más la cantidad de seguidores.

ORACIÓN DIARIA

Virgen de San Juan de los Lagos bondadosa Soberana, dulce Lucero de la mañana. Esta novena vengo a ofrendarte y mi devoción y mi corazón darte. Bienaventurada Virgen María el que cree en ti el cielo gana. Todos unidos alegres te cantan una diana. Con mi humilde oración mi amor quiero darte, que me salves Madre mía vengo a implorarte. Permíteme besar tu manto celestial de estrellada filigrana. Con tu Santa bendición se aparte de mí aquella de la guadaña. Con guirnaldas benditas han de coronarte.

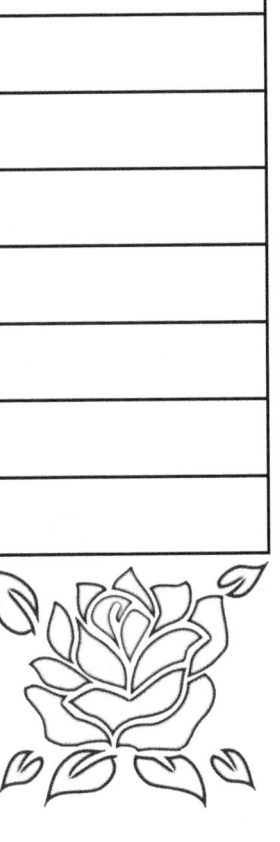

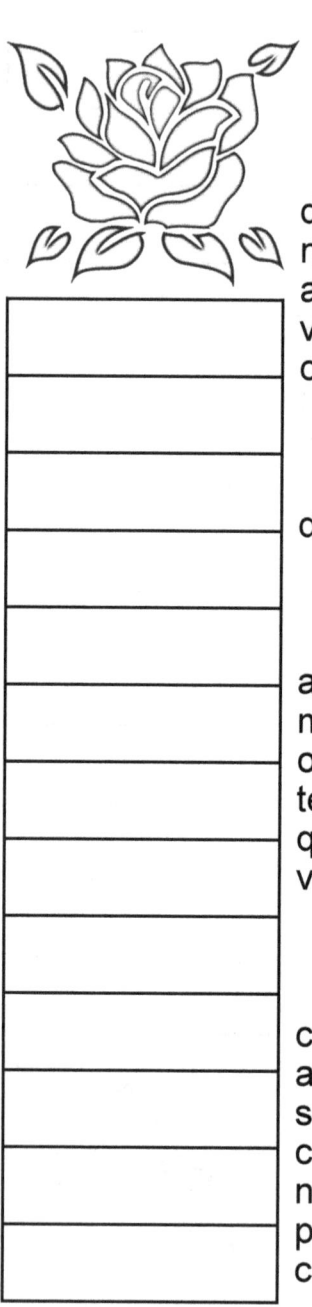

HAGA SU PETICIÓN

Aquí estoy hincado a tus pies. Con la luz de tus quinqués que no tienen comparación alumbra a este humilde feligrés que viene a hacerte esta petición.

Te ruego con todo mi corazón me concedas... (se hace la petición)

Esto es un asunto de interés te suplico tu atención me des. Concédeme lo que te pido en esta ocasión y con tu divina protección me ayudes, para que seas tú siempre mi salvación.

Padre Nuestro, que estás en el cielo, santificado sea tu nombre; venga a nosotros tu reino; hágase tu voluntad, en la tierra como en el cielo. Danos hoy nuestro pan de cada día; perdona nuestras ofensas, como también nosotros

perdonamos a los que nos ofenden; no nos dejes caer en la tentación, y líbranos del mal. Amén.

Dios te salve, María, llena eres de gracia, el Señor es contigo. Bendita tú eres entre todas las mujeres, y bendito es el fruto de tu vientre: Jesús. Santa María, Madre de Dios, ruega por nosotros, pecadores, ahora y en la hora de nuestra muerte. Amén.

Gloria al Padre, al Hijo y al Espíritu Santo. Como era en el principio, ahora y siempre, por los siglos de los siglos. Amén.

DÍA PRIMERO

Virgen adorada tu pureza alcanzó la gloria, en el mundo entero se expande tu historia. Flor en el cielo, luz brillante en todo el planeta, una orquesta celeste te canta con violín y trompeta. Reina mía tú que has alcanzado la victoria, escucha a este hijo tuyo con petición exclamatoria que te suplica protejas a mi familia completa, que estén seguros lejos del ladrón y el disparo de metralleta. Manténlos estables sin vida migratoria, para que tengan una forma de actuar satisfactoria y a tu mano esté sujeta.

Padre Nuestro, que estás en el cielo, santificado sea tu nombre; venga a nosotros tu reino; hágase tu voluntad, en la tierra como en el cielo. Danos hoy nuestro pan de cada día; perdona nuestras ofensas, como también nosotros

perdonamos a los que nos ofenden; no nos dejes caer en la tentación, y líbranos del mal. Amén.

Dios te salve, María, llena eres de gracia, el Señor es contigo. Bendita tú eres entre todas las mujeres, y bendito es el fruto de tu vientre: Jesús. Santa María, Madre de Dios, ruega por nosotros, pecadores, ahora y en la hora de nuestra muerte. Amén.

Gloria al Padre, al Hijo y al Espíritu Santo. Como era en el principio, ahora y siempre, por los siglos de los siglos. Amén.

DÍA SEGUNDO

Reina del cielo a tu hijo has protegido y a todos los humanos has querido. Yo como tu humilde servidor te ruego, liberes mi pecho de este desasosiego, porque tengo miedo de ver mi trabajo perdido, por un grave error que se ha cometido. A tu poder y divina comprensión apelo, para que me des seguridad esta novena te entrego. Con este problema he perdido el hambre y no he dormido. Hacer lo que me pidas estoy decidido, seguro que me darás sosiego.

Padre Nuestro, que estás en el cielo, santificado sea tu nombre; venga a nosotros tu reino; hágase tu voluntad, en la tierra como en el cielo. Danos hoy nuestro pan de cada día; perdona nuestras ofensas, como también nosotros perdonamos a los que nos ofenden; no nos dejes caer en la tentación, y líbranos del mal. Amén.

Dios te salve, María, llena eres de gracia, el Señor es contigo. Bendita tú eres entre todas las mujeres, y bendito es el fruto de tu vientre: Jesús. Santa María, Madre de Dios, ruega por nosotros, pecadores, ahora y en la hora de nuestra muerte. Amén.

Gloria al Padre, al Hijo y al Espíritu Santo. Como era en el principio, ahora y siempre, por los siglos de los siglos. Amén.

DÍA TERCERO

Límpido crisantemo en el firmamento, precioso diamante te llevo en el pensamiento y aspiro tu sándalo embriagador, bendita Flor dame tu abrazo protector. Soy viajero del camino y voy hacia donde me lleve el viento, dame tu luz de seguridad en este experimento, protege el trayecto de este humilde conductor, para no caer en manos de algún humano traidor y regrese al calor del hogar lleno de contento, sin haber atravesado por un suceso violento. Señora agraciada de rostro multicolor, yo por siempre seré tu más ferviente admirador.

Padre Nuestro, que estás en el cielo, santificado sea tu nombre; venga a nosotros tu reino; hágase tu voluntad, en la tierra como en el cielo. Danos hoy nuestro pan de cada día; perdona nuestras ofensas, como también nosotros perdonamos a los que nos ofenden; no nos dejes caer en la tentación, y líbranos del mal. Amén.

Dios te salve, María, llena eres de gracia, el Señor es contigo. Bendita tú eres entre todas las mujeres, y bendito es el fruto de tu vientre: Jesús. Santa María, Madre de Dios, ruega por nosotros, pecadores, ahora y en la hora de nuestra muerte. Amén.

Gloria al Padre, al Hijo y al Espíritu Santo. Como era en el principio, ahora y siempre, por los siglos de los siglos. Amén.

DÍA CUARTO

Lucero de día y de noche, eres en el cielo de brillantes un broche. Quiero que seas tú quién vele mi sueño, cubriéndome con tu velo Santo y sedeño y si he de andar fuera caminando o en coche, no permitas que haga derroche, ni de la calle me sienta el dueño. Protégeme Madre del ataque del fuereño, dame seguridad cuando sea necesario que me trasnoche. Si es ineludible que me reprendas lo aceptaré sin reproche, seguiré adelante sin fruncir el ceño. Te brindo esta oración con empeño.

Padre Nuestro, que estás en el cielo, santificado sea tu nombre; venga a nosotros tu reino; hágase tu voluntad, en la tierra como en el cielo. Danos hoy nuestro pan de cada día; perdona nuestras ofensas, como también nosotros

perdonamos a los que nos ofenden; no nos dejes caer en la tentación, y líbranos del mal. Amén.

Dios te salve, María, llena eres de gracia, el Señor es contigo. Bendita tú eres entre todas las mujeres, y bendito es el fruto de tu vientre: Jesús. Santa María, Madre de Dios, ruega por nosotros, pecadores, ahora y en la hora de nuestra muerte. Amén.

Gloria al Padre, al Hijo y al Espíritu Santo. Como era en el principio, ahora y siempre, por los siglos de los siglos. Amén.

DÍA QUINTO

Por el poder que Dios Padre te ha concedido y por haber al hijo del hombre concebido, glorifico tu nombre Virgen milagrosa. Eres sin par una Diosa. Ofrendándote esta novena te hago un pedido, haz que me sienta de un terremoto o un huracán protegido. Virgen de San Juan de los Lagos, estrella esplendorosa, no permitas que me toque un fenómeno y me lleve a la fosa. Dame tu mano bendita y abrígame con tu manto Señora poderosa.

Padre Nuestro, que estás en el cielo, santificado sea tu nombre; venga a nosotros tu reino; hágase tu voluntad, en la tierra como en el cielo. Danos hoy nuestro pan de cada día; perdona nuestras ofensas, como también nosotros perdonamos a los que nos ofenden; no nos dejes caer en la tentación, y líbranos del mal. Amén.

Dios te salve, María, llena eres de gracia, el Señor es contigo. Bendita tú eres entre todas las mujeres, y bendito es el fruto de tu vientre: Jesús. Santa María, Madre de Dios, ruega por nosotros, pecadores, ahora y en la hora de nuestra muerte. Amén.

Gloria al Padre, al Hijo y al Espíritu Santo. Como era en el principio, ahora y siempre, por los siglos de los siglos. Amén.

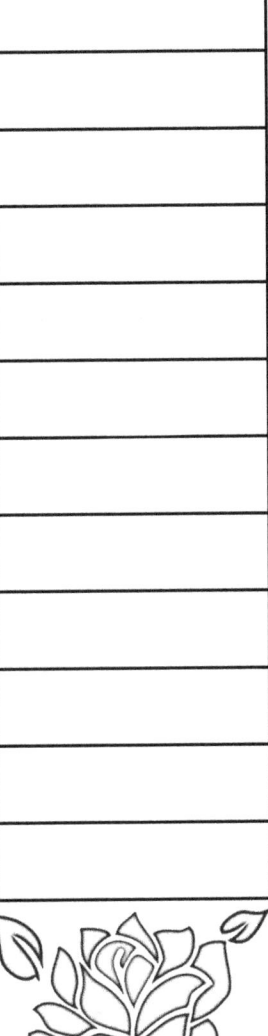

DÍA SEXTO

Miles son tus milagros y miles tus seguidores, muchos son tus dones y regalos encantadores. Amaste a tu hijo y a los humanos, nos haces sentir a todos como hermanos. Yo sé que te he pedido múltiples favores, a mis seres queridos te ruego des tus brazos protectores, dales seguridad en lo que emprendan, extiende a ellos tus manos. San Juanita de los Lagos, a ti todos amamos. Eterna Madre de Jesús me inclino ante ti de mil amores, eres tú la más hermosa de todas las flores.

Padre Nuestro, que estás en el cielo, santificado sea tu nombre; venga a nosotros tu reino; hágase tu voluntad, en la tierra como en el cielo. Danos hoy nuestro pan de cada día; perdona nuestras ofensas, como también nosotros perdonamos a los que nos

ofenden; no nos dejes caer en la tentación, y líbranos del mal. Amén.

Dios te salve, María, llena eres de gracia, el Señor es contigo. Bendita tú eres entre todas las mujeres, y bendito es el fruto de tu vientre: Jesús. Santa María, Madre de Dios, ruega por nosotros, pecadores, ahora y en la hora de nuestra muerte. Amén.

Gloria al Padre, al Hijo y al Espíritu Santo. Como era en el principio, ahora y siempre, por los siglos de los siglos. Amén.

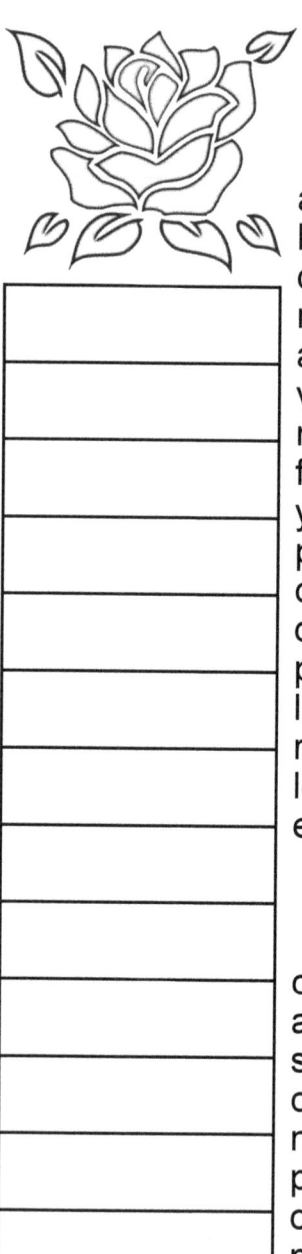

DÍA SÉPTIMO

Madre a tus hijos extiendes tus brazos de amor, llenando su vida de luz y color. Es por tu bondad que me acerco en este momento, para pedirte que a mi familia no le falte casa vestido y sustento. Sanjuanita dadivosa te rezo con fervor, no nos abandones y líbranos del temor. Despiertas en los seres precioso sentimiento, alejando de su mente cualquier mal pensamiento. Eres maravilla que despides límpidos rayos de candor. En los cielos y en la tierra bello botón en flor.

Padre Nuestro, que estás en el cielo, santificado sea tu nombre; venga a nosotros tu reino; hágase tu voluntad, en la tierra como en el cielo. Danos hoy nuestro pan de cada día; perdona nuestras ofensas, como también nosotros perdonamos a los que nos

ofenden; no nos dejes caer en la tentación, y líbranos del mal. Amén.

Dios te salve, María, llena eres de gracia, el Señor es contigo. Bendita tú eres entre todas las mujeres, y bendito es el fruto de tu vientre: Jesús. Santa María, Madre de Dios, ruega por nosotros, pecadores, ahora y en la hora de nuestra muerte. Amén.

Gloria al Padre, al Hijo y al Espíritu Santo. Como era en el principio, ahora y siempre, por los siglos de los siglos. Amén.

DÍA OCTAVO

Con tus tiernas manos bella doctora, curas a tus hijos cuando sufren a cualquier hora. Por mí y por mis seres queridos, te pido por la enfermedad no seamos afligidos. Al abrir la ventana, sanos y alegres miremos la aurora. Te ruego nos protejas agraciada Señora nos salves de vernos amenazados por la epidemia y ser por ti protegidos. Estar fuertes y evitar que la muerte nos tenga divididos. Virgen Santa mira a tu hijo que implora, por los seres que adora sufre y llora.

Padre Nuestro, que estás en el cielo, santificado sea tu nombre; venga a nosotros tu reino; hágase tu voluntad, en la tierra como en el cielo. Danos hoy nuestro pan de cada día; perdona nuestras ofensas, como también nosotros perdonamos a los que nos

ofenden; no nos dejes caer en la tentación, y líbranos del mal. Amén.

Dios te salve, María, llena eres de gracia, el Señor es contigo. Bendita tú eres entre todas las mujeres, y bendito es el fruto de tu vientre: Jesús. Santa María, Madre de Dios, ruega por nosotros, pecadores, ahora y en la hora de nuestra muerte. Amén.

Gloria al Padre, al Hijo y al Espíritu Santo. Como era en el principio, ahora y siempre, por los siglos de los siglos. Amén.

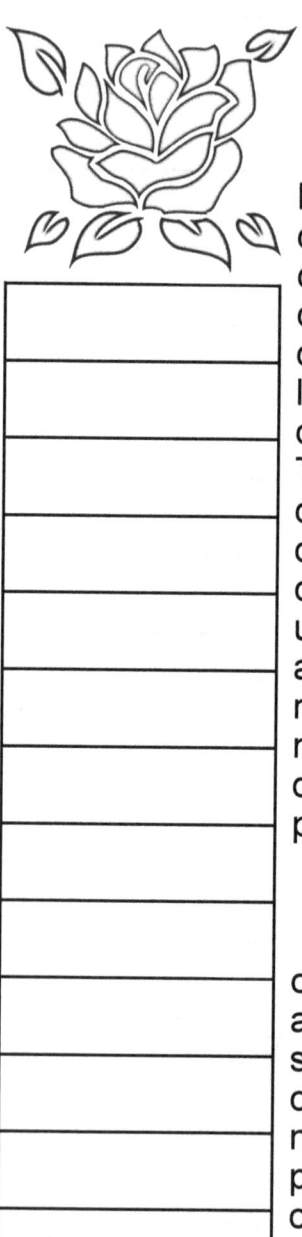

DÍA NOVENO

Santa Juanita de los Lagos divino lucero, lanzas a los corazones un disparo de amor certero, dichoso lo recibo mirando el cielo estrellado, esperando pronto pueda estar a tu lado. Cuídame del ratero y del que da halago lisonjero. Tú que al que pide le has dado, te ruego me ayudes del mal salir librado, nunca permitas que caiga en un agujero, ni ande por las aguas como perdido velero. Protégeme de día y de noche, por ti sentirme amado. A ti bella Señora siempre te he adorado.

Padre Nuestro, que estás en el cielo, santificado sea tu nombre; venga a nosotros tu reino; hágase tu voluntad, en la tierra como en el cielo. Danos hoy nuestro pan de cada día; perdona nuestras ofensas, como también nosotros perdonamos a los que nos

ofenden; no nos dejes caer en la tentación, y líbranos del mal. Amén.

Dios te salve, María, llena eres de gracia, el Señor es contigo. Bendita tú eres entre todas las mujeres, y bendito es el fruto de tu vientre: Jesús. Santa María, Madre de Dios, ruega por nosotros, pecadores, ahora y en la hora de nuestra muerte. Amén.

Gloria al Padre, al Hijo y al Espíritu Santo. Como era en el principio, ahora y siempre, por los siglos de los siglos. Amén.

ORACIÓN FINAL

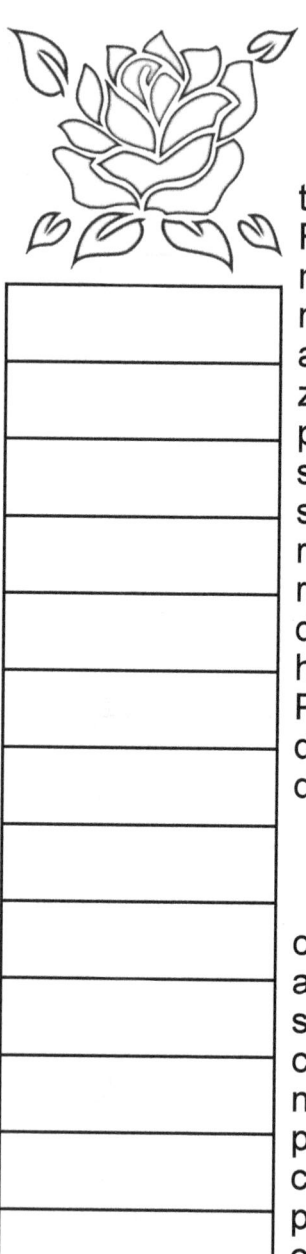

Madre amorosa suave pétalo de rosa, en la tierra adorada y querida, Reina esplendorosa, la clemencia y la virtud son tu naturaleza, el que a ti se acerca se llena de fortaleza. Sálvame del hambre y pon en mi mesa una cosa sabrosa. Te ruego a darme seguridad vengas presurosa, prometo cada noche rezarte con entereza, cuídame noche y día, que mi hogar se llene de belleza. Por ti me arrodillo Madre dadivosa, en tu altar pondré una gladiola hermosa.

Padre Nuestro, que estás en el cielo, santificado sea tu nombre; venga a nosotros tu reino; hágase tu voluntad, en la tierra como en el cielo. Danos hoy nuestro pan de cada día; perdona nuestras ofensas, como también nosotros perdonamos a los que nos ofenden; no nos dejes caer en la tentación, y líbranos del mal. Amén.

Dios te salve, María, llena eres de gracia, el Señor es contigo. Bendita tú eres entre todas las mujeres, y bendito es el fruto de tu vientre: Jesús. Santa María, Madre de Dios, ruega por nosotros, pecadores, ahora y en la hora de nuestra muerte. Amén.

Gloria al Padre, al Hijo y al Espíritu Santo. Como era en el principio, ahora y siempre, por los siglos de los siglos. Amén.

Papá Dios: que tu sabiduría nos guíe; que tu luz ilumine nuestro camino; que tu amor nos de paz; que tu poder nos proteja, y que por donde quiera que caminemos, tu presencia nos acompañe. Gracias Papá Dios que ya nos oíste. Amén.

www.ingramcontent.com/pod-product-compliance
Lightning Source LLC
Chambersburg PA
CBHW060326170426
42811CB00132B/331